Les Français

dans l'Inde

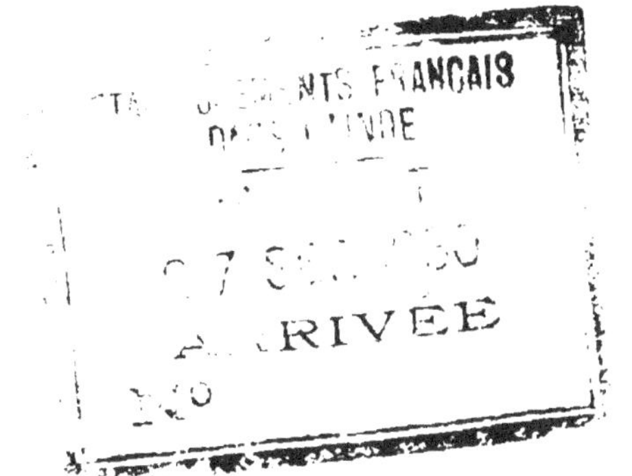

LES FRANÇAIS

DANS L'INDE

A L'USAGE DES CANDIDATS

du

CERTIFICAT D'ETUDES PRIMAIRES

1930

Mission Press, Pondy.

LES FRANÇAIS DANS L'INDE

PRÉLIMINAIRES

I. RACES HINDOUES

Trois races principales : Aborigènes, Touraniens, Aryas.
Les Aborigènes sont les premiers habitants
e l'Inde, leur origine est inconnue. Ex. les *Todas*
es Nilghiris.

Les Touraniens vinrent de *la Scythie et
es pays Tartares*, à une époque inconnue. Ils s'éta-
lirent d'abord dans le Nord de l'Inde, d'où ils chas-
èrent les Aborigènes qui s'enfuirent dans les mon-
agnes. Repoussés plus tard à leur tour par les Aryas,
es Touraniens vinrent s'établir dans le pays de **Dra-
ida :** de là leur nom de **Dravidiens.**

Ils adoptèrent le *système des castes,* qu'ils trouvèrent
tabli dans l'Inde ; plus tard, ces castes furent organi-
ées chez eux par les Brahmes, qui leur firent adopter
ussi la religion brahmanique.

Les *Dravidiens* sont *les ancêtres des Tamouls, des Té-
égous, des Canaras et des Maléalams.*

Les **Aryas,** entre l'an 2000 et 1500 av. J. C.,
inrent *de l'Arie,* pays qui se trouvait dans le Sud-
uest du Turkestan. *Ils s'établirent dans le Nord de
Inde,* d'où ils repoussèrent les Touraniens.

Ce sont eux qui ont introduit le Brahmanisme dans
Inde et qui ont organisé les castes.

Nota. — Les **Musulmans**, nombreux dans l'Inde, descendent : 1° ou *des Arabes* — 2° ou *des Touraniens et des Aryas qui ont embrassé l'Islamisme* — 3° ou *des Pathans* venus de l'Afghanistan.

II. — LANGUES HINDOUES

De la langue des Aryas, le **Sanscrit**, sont dérivées les langues du Nord de l'Inde : *l'Hindi, le Bengali, etc.*, et **l'Hindoustani**, langue répandue dans toute l'Inde.

La langue des Touraniens a été la langue mère des *dialectes dravidiens* : le **Tamoul**, parlé dans le Carnatic, depuis Palicat jusqu'au cap Comorin ; le **Télégou**, parlé sur la côte Est, depuis Palicat jusqu'à Chicacole, et dans une partie du Mysore et du Nizam ; le **Canara**, parlé dans le Mysore et le Nizam ; le **Maléalam**, parlé sur la côte Malabare, depuis Cananore jusqu'au cap Comorin.

III. — TEMPS PRÉHISTORIQUES

Jusqu'à l'arrivée des Arabes dans l'Inde, au Xe siècle, l'histoire de l'Inde est à peu près inconnue. Ce n'est que par des rapprochements avec des événements appartenant à des peuples étrangers, qui ont eu des rapports avec ce pays, qu'on est parvenu à déterminer quelques dates remarquables de son histoire.

Les Védas, les Pouranas, les Lois de Manou, les plus anciens manuscrits de l'Inde, ne sont pas des livres historiques.

IV. — PREMIÈRES CONQUÊTES
ET ANCIENS ROYAUMES DE L'INDE

Jusqu'à l'époque des grandes conquêtes, l'Inde était divisée en un grand nombre de petits royaumes.

Dans le Carnatic, il y avait principalement : *le royaume de Chola* avec *Canjeevaram* pour capitale ; celui de *Tanjore* qui dura jusqu'en 1799 ; celui de *Pandion* dont *Maduré* était la capitale.

Au IVe siècle av. J. C., *Alexandre le Grand*, roi de Macédoine, s'empara du Nord-Ouest de l'Inde, mais cette conquête fut bientôt perdue.

V. — EMPIRE MAHOMÉTAN (996-1526)

Mahmoud le Ghaznévide (996-1030) fonda cet empire qui se soutint dans le Nord-Ouest de l'Inde, jusqu'en *1526*, époque où les Mongols s'en emparèrent.

VI. — EMPIRE MONGOL (1526-1803)

En 1399, un Mongol, *Tamerlan*, envahit l'Inde à la tête d'une armée de Tartares, et se fit même proclamer empereur à *Delhi*.

Mais *le fondateur de l'empire Mongol fut* **Baber** (1494-1530). Il s'empara de l'empire mahométan et du Nord de l'Inde : *Delhi fut la capitale de l'empire*.

Akber (1556-1605) ajouta à l'empire le Cachemire et la côte d'Orissa. Sous son règne surtout *les Mongols devinrent musulmans*.

Aurengzeb (1658-1707) força tous ses officiers à se faire musulmans. Il fit payer une taxe à tous les brahmaniques, et leur défendit de célébrer leurs fêtes religieuses.

Il ajouta à l'empire : *le Carnatic et le Télinga*, et céda *Chandernagor* à François Martin, en 1688.

Après Aurengzeb, l'empire mongol fut continuellement attaqué et morcelé par les Mahrattes, les Sicks, les Afghans et les Rajpoutes.

En 1724, le *Nizam d'Hyderabad* devint indépendant avec *Nizam-ul-Mulk* qui s'empara du *Carnate*, dont il confia le gouvernement à un nabab qu'il établit à Arcot.

Bientôt l'empire mongol ne comprit plus que la province de *Delhi*. En 1770, l'empereur et sa capitale tombèrent au pouvoir des Mahrattes.

En 1803, après s'être rendus maîtres de Delhi, les Anglais s'emparèrent de l'empire.

VII. — EMPIRE MAHRATTE (1627-1818)

Le *Maharastra* (ou grand royaume) se trouvait au centre-Ouest de l'Inde. Il eut successivement pour capitale : *Païthan*, sur le Godavéry, *Satara*, et *Poona*.

Les Mahrattes construisirent un grand nombre de forts sur les montagnes.

Sévadji (1664-1680) s'empara, en 1664, du *Royaume de Tanjore* à la tête duquel il plaça un de ses frères. Il s'empara aussi du royaume de *Chola*, et le joignit à celui de Tanjore.

En 1676, il fit une *expédition dans le Carnate :* il prit *Gingy*, dont les fortifications furent restaurées par un de ses fils, *Radja-Ram*, qui y établit sa cour. C'est pendant cette expédition que *Sévadji parut devant Pondichéry*.

En 1752, l'empire mahratte s'étendait sur tout le centre de l'Inde, d'une mer à l'autre.

En 1770, les Mahrattes prirent Delhi et furent les maîtres de l'empire mongol jusqu'en 1803.

De 1775 à 1818, les Anglais furent en guerre avec les Mahrattes et finirent par s'emparer de leur empire.

VIII. — ROYAUME DU MYSORE

Ce royaume fut fondé en 1507 : *Seringapatam* en fut la capitale jusqu'en 1799.

En 1760, **Haïder-Ali**, un officier du radja de Mysore, usurpa le trône : ce fut le point de départ de *4 guerres* que les Anglais firent à *Haïder-Ali* et à son fils **Tippoo-Saïb.**

La *2me guerre du Mysore* eut lieu de *1780 à 1784*, pendant la *guerre des Etats-Unis (1778-1783)*. Aussi *Haïder-Ali* et *Tippoo* furent fortement soutenus par *le bailli de Suffren* et *Bussy.*

Tippoo, devenu radja à la mort de son père, en 1782, fut un musulman fanatique. Dans le Canara, le Malabar et le Travancore, il força des centaines de milliers d'Hindous à se faire musulmans.

En 1798, Tippoo avait à Seringapatam un corps *d'officiers français* pour discipliner ses soldats. *Bonaparte* lui écrivit même de l'Egypte, pour lui annoncer qu'il songeait à venir dans l'Inde, l'aider à en chasser les Anglais.

En 1799, *Tippoo, vaincu par les Anglais*, fut trouvé mort dans *Seringapatam.*

Sa famille fut envoyée à *Vellore*; et l'ancienne famille royale, rétablie sur le trône, transporta la cour à *Mysore*. Depuis, le radja de Mysore gouverne ce royaume sous la surveillance d'un *Régent anglais*.

IX. — LES PORTUGAIS (1500-1739).

En 1486, *Barthélemy Diaz* ayant découvert le cap de Bonne Espérance, *Vasco de Gama* en 1498, *Cabral* en 1500, et surtout **Albuquerque**, en 1504, vinrent dans l'Inde fonder l'empire portugais, qui s'étendit sur les côtes, du détroit d'Ormuz aux îles Moluques.

A la fin du XVIe et au commencement du XVIIe siècle, le Portugal fut sous le joug de l'Espagne et ne put soutenir ses colonies.

Depuis 1739, les Portugais ne possèdent plus dans l'Inde que : *Goa, Diu* et *Damaun.*

X. — LES HOLLANDAIS (1660-1795).

Les Hollandais s'emparèrent des possessions portugaises, et furent un moment puissants dans l'Inde.

En 1693, ils s'emparèrent de Pondichéry, pendant la guerre de la ligue d'Augsbourg (1688-1697).

Les Anglais mirent fin à leur puissance en 1795.

XI. — LES ANGLAIS.

En 1600, la reine Elisabeth fonda la Compagnie anglaise des Indes.

La lutte devint bientôt vive entre les Portugais, les Hollandais et les Anglais.

En 1639, le comptoir de *Madras* fut fondé et protégé par le *fort St. Georges.* — *Bombay* fut acquis en 1661. — Le *fort St. David* fut construit en 1691. — Le *fort William* protégea le comptoir de Calcutta en 1698.

Dans l'Inde, les Anglais furent aux prises avec les Français pendant toute la seconde moitié du XVIIIe siècle.

Aujourd'hui, l'empire des Indes est aux Anglais.

LES FRANÇAIS DANS L'INDE

I.—LA COMPAGNIE FRANÇAISE JUSQU'A DUPLEIX.

Créée en 1601 par *Henri IV*, réorganisée en 1642 par *Richelieu*, la *Compagnie française des Indes Orientales* fut relevée en 1664 par *Colbert*.

Caron (1666-1672) fut le *premier directeur-général* de la Compagnie. Il établit le premier comptoir français à *Surate*, en 1667 ; celui de *Mazulipatam* en 1669. En 1672, il prit *San-Thomé* aux Hollandais, pendant la guerre de Hollande (1672-1678).

François Martin (1672-1706).

François Martin succéda à Caron.

En 1674, les Hollandais nous reprirent *San-Thomé*. Martin acheta alors l'emplacement de *Pondichéry*, où *il fonda le village de Poudouchéry* (1674).

En 1677, au moyen de présents, il empêcha **Séva-dji**, empereur mahratte, d'attaquer Pondichéry, qu'il se mit aussitôt à fortifier.

En 1688, Martin obtint *d'Aurengzeb*, empereur mongol, le comptoir de **Chandernagor**. Il fonda ensuite ceux de *Calicut, Balassore, Dacca, Patna, Cassimbazar* et *Yougdia*.

Pondichéry pris par les Hollandais (1693). La colonie devenait prospère ; les Hollandais jaloux, profitèrent de la *guerre de la ligue d'Augsbourg*, (1688-1697), pour nous enlever Pondichéry. Martin et les Européens qui étaient avec lui furent renvoyés en Europe.

Le **Traité de Ryswick** (1697) nous rendit Pondichéry, *Martin* revint dans l'Inde avec le titre de

gouverneur de toutes les possessions françaises de l'Inde. —
A sa mort, en 1706, Pondichéry était une jolie petite
ville fortifiée, de 40.000 habitants.

Mahe (1726), malgré ses forts, fut prit par *Mahé
de la Bourdonnais,* alors capitaine de frégate.

Karikal (1739), fut acquis à la France sous le
gouvernement de *Dumas.* Ce comptoir, avec son *fort,
Kirkan-Garric,* fut enlevé au roi de Tanjore par *Chanda-
Saïb,* fils et divan du nabab d'Arcot, allié de Dumas.

II. — DUPLEIX (1742-1754).

Né en 1697, fils d'un directeur de la Compagnie,
Dupleix fut nommé, en 1730, *directeur du comptoir de
Chandernagor,* qu'il rendit très prospère.

En 1742, il fut nommé **gouverneur général de la Compagnie,** et se proposa d'établir
la *domination française dans l'Inde,* après en avoir chassé
les Anglais : *ce fut son but .* Pour y arriver, il employa
deux moyens : 1°. il *disciplina des cipayes* à l'europé-
enne ; 2°. il *intervint dans les différends des princes
hindous.*

Il fut aidé beaucoup par son épouse *Madame Vincent,*
el par *Bussy.*

Guerre de la succession d'Autriche
(1740-1748).

A l'occasion de cette guerre, la lutte commença dans
l'Inde entre les Anglais et les Français. Sur les ordres
de Dupleix, **Mahé de la Bourdonnais,**
alors *Gouverneur des Mascareignes,* équipa une flotte et
lui amena des renforts : **Bussy** l'accompaguait.

En route, il rencontra la flotte anglaise qu'il força à se retirer à *Trinquemalé*.

Prise de Madras (1746). — *La Bourdonnais* alla immédiatement assiéger Madras : au bout de quelques jours, la ville, le fort St. Georges, les valeurs de la Compagnie anglaise, tout lui fut livré.

Malheureusement, La Bourdonnais s'engagea à rendre Madras aux Anglais contre rançon. *Dupleix* cassa ces engagements, et La Bourdonnais, rappelé en France, fut jeté à la Bastille.

Victoire de San-Thomé (1747). Les Anglais avaient transporté le siège de leur gouvernement au fort St. David. Ils envoyèrent leur allié, *le nabab d'Arcot, Anwarudin*, reprendre Madras.

Dupleix envoie aussitôt, contre le nabab, **Paradis** qui remporta une brillante victoire à **San-Thomé**. *Paradis* fut ensuite nommé *gouverneur de Madras*.

Attaque du fort St. David (1747). — Dupleix voulut poursuivre les Anglais au fort St. David, mais cette expédition échoua.

Siège de Pondichéry (1748)—(2ème). — Pendant ce temps, Dupleix avait détaché le nabab d'Arcot de la cause des Anglais, et s'en était fait un allié. Mais de leur côté, les Anglais avaient reçu d'Angleterre des renforts et des secours.

Pondichéry, dont Dupleix avait fait restaurer les fortifications, fut assiégé par l'amiral *Boscawen*. **Law**, neveu du banquier de la Régence, perdit les redoutes qui avaient été élevées à *Ariancoupam* : alors les Anglais serrèrent Pondichéry de près. *Paradis* fut tué dans une sortie. *Dupleix* dirigea la défense, et obligea les ennemis à se retirer au bout de 42 jours de siège.

Traité d'Aix-la-Chapelle (1748). Ce traité qui termina la guerre en Europe, obligea Dupleix à rendre Madras aux Anglais.

Guerre de la succession du Dékan (1749-1754).

Le soubab (ou vice-roi) du Dékan était mort, après avoir déshérité son fils **Nazir-Jang**, pour laisser son trône à son petit-fils **Mouzaffer-Jang**. *Nazir* cependant, se fit proclamer soubab et s'empara de l'armée. Alors, *Mouzaffer* appela *Dupleix* à son secours ; *Nazir* fut soutenu par les Anglais : ainsi recommença la lutte entre les Français et les Anglais.

De plus, en 1740, le *nabab d'Arcot, Dost-Ali,* avait été tué dans une bataille à *Ambour* par les Mahrattes; et son fils *Chanda-Saïb* avait été fait prisonnier par eux à Trichinopoly et avait été envoyé à *Satara,* capitale des Mahrattes. Pendant ce temps, un certain *Anwarudin* s'était emparé de *la nababie d'Arcot.*

En 1749, Dupleix paya la rançon de *Chanda-Saïb* qui vint combattre pour Mouzaffer, contre l'usurpateur de la nababie d'Arcot ; *Anwarudin* combattit pour Nazir avec son fils *Mahomet-Ali.*

Ainsi donc, la lutte s'engage entre : *les Français, Mouzaffer-Jang et Chanda-Saïb.* d'un côté ; *les Anglais, Nazir-Jang et Mahomet-Ali,* de l'autre côté.

Victoire d'Ambour (1749). — **D'Auteuil** et **Busey** commandaient les Français : ils remportèrent une brillante victoire à **Ambour**, où *Anwarudin* fut tué.

Mouzaffer fut immédiatement proclamé *soubab du Dékan,* et **Chanda-Saïb**, *nabab d'Arcot.*

Mouzaffer vint à Pondichéry à cette occasion, et donna à Dupleix 81 villages autour de la ville.

Défaite de Valdaour. — Victoire de Tiruvadi (1750). La ville de *Trichinopoly* lui appartenant, *Mahomet-Ali* s'y était enfui. Dupleix envoya *Mouzaffer* et *Chanda-Saïb* l'y assiéger. En route, à

Valdaour, ils rencontrèrent *Nazir-Jang* : *Mouzaffer fut fait prisonnier* ; *Nazir* reprit le titre de *viceroi du Dékan*, et **Mahomet-Ali** devint *nabab d'Arcot*.

Nazir se retira à Arcot, où il se livra aux plaisirs, pendant que *Mahomet-Ali* restait à la tête de son armée. Celui-ci fut vaincu par **d'Auteuil** à **Tiruvadi**, près de Goudelour, et se réfugia dans *Gingy*, avec les débris de son armée.

Bussy à Gingy (1750). — *D'Auteuil* et *Bussy* l'y poursuivirent, et c'est là qu'avec une poignée de braves, *Bussy* accomplit *son plus brillant fait d'armes*. En 24 heures, il s'empara de la ville fortifiée de *Gingy*, et de ses *3 forts* réputés imprenables.

Nazir voulut essayer de reprendre Gingy : il se vit obligé de demander un armistice à Dupleix. Pendant ce temps, une conspiration s'était formée contre lui : *Nazir fut assassiné*.

Mouzaffer, rendu à la liberté, redevint *vice-roi du Dékan*, (1750).

Apogée de la gloire de Dupleix. — *Mouzaffer* vint alors à Pondichéry une seconde fois. Il y fit une entrée triomphale dans le même palanquin que Dupleix. Pondichéry reçut de Mouzaffer des accroissements importants ; et c'est à ce moment que Dupleix songea à élever une nouvelle ville, qu'il appela *Dupleix-Futtey-Abab* (lieu de la victoire de Dupleix).

Au bout de quelque temps, Mouzaffer partit pour sa capitale, *Arungabad*, accompagné par une escorte de soldats français et par *Bussy*. En route, Mouzaffer fut tué : Bussy fit alors proclamer vice-roi, un frère de Nazir-Jang, **Salabut-Jang**.

Bussy resta auprès de Salabut jusqu'en 1758, d'abord à Arungabad, ensuite à Hyderabad. Pendant ce temps, il prit sur le soubab un ascendant considérable ; bientôt même, *le gouvernement du Dékan fut sous sa direction absolue*, Salabut nomma *Dupleix lui-même nabab du*

Carnate, à la mort de Chanda-Saïb, en 1752 ; et accorda à Bussy, au profit de la France, **les provinces des Circars**.

C'est ainsi que sous le nom de son protégé, le soubab du Dékan, *Dupleix était en fait le maître de près d'un tiers de l'Inde.*

Victoire de Volconde (1751). — *Maho-met-Ali* était toujours maître de Trichinopoly, et il avait demandé, contre Dupleix, le secours des Anglais.

D'Auteuil et *Chanda-Saïb* étaient en route pour Tri-chinopoly, lorsqu'ils rencontrèrent l'armée anglaise : ils la battirent à *Volconde,* au nord de Trichinopoly.

1ᵉʳ Siège de Trichinopoly (1751). — Les Anglais s'étaient enfuis à Trichinopoly. *D'Auteuil* s'empara de **Seringam**, et commença le siège de la ville. **Law** dut alors remplacer d'Auteuil tombé malade.

Un officier anglais, **Clive**, espérant obliger *Chan-da-Saïb* à abandonner le siège, alla attaquer **Arcot** : Dupleix donna l'ordre de poursuivre le siège de **Tri-chinopoly**.

Clive s'empara d'Arcot, malgré *Radja-Saïb,* fils de Chanda-Saïb, que celui-ci avait envoyé au secours de sa capitale. Clive s'empara aussi *d'Arni*, détruisit *Du-pleix Futtey-Abab*, et revint joindre ses troupes à celles d'un autre officier anglais, *Lawrence*, pour délivrer Trichinopoly. Law commit la faute de les laisser entrer dans la ville.

De plus, malgré les avis de Dupleix, Law se retira à *Seringam* avec *Chanda-Saïb.* Ils y furent bloqués par les Anglais et obligés de capituler : *Chanda-Saïb fut même assassiné.* (1752).

Victoire de Vieravandi — Défaite de Bahour (1752). Un officier anglais, *Kinneer,* se mit aussitôt en route pour aller prendre **Gingy** :

il fut battu par *Kerjean,* neveu de Dupleix, à *Vicra-vandi.*

Kerjean reçut ensuite l'ordre d'aller attaquer le *fort St. David,* et d'empêcher Lawrence et Kinneer de joindre leurs troupes à celles du fort : à son tour, il fut battu par eux, à *Bahour,* et Lawrence vint camper aux portes de Pondichéry, à *Villenour.*

2ⁿᵉ Siège de Trichinopoly. (1753). — Dupleix avait fait alliance avec le roi de Mysore et les Mahrattes : en 1753, il envoya une armée de *Mysoriens* et de *Mahrattes* contre Trichinopoly.

Deux officiers de Dupleix, *Astruc* et *Mainville,* allèrent rejoindre les alliés. Mainville fit une tentative de nuit qui échoua.

Dupleix songea alors à faire la paix, mais ses conditions ne furent pas acceptées.

Rappel de Dupleix. — Godeheu
(1754).

L'Angleterre, jalouse des conquêtes de Dupleix, représenta à la Compagnie que lui seul était un obstacle à la paix dans l'Inde, et que son ambition allait fatalement ruiner la Compagnie et ses actionnaires. Enfin, elle menaça Louis XV de la guerre ; et *Dupleix fut rappelé.*

Godeheu, ancien agent de la Compagnie, à Chandernagor, fut envoyé à Pondichéry, avec ordre de faire la paix à tout prix.

Traité de Madras. (1755). — Godeheu signa avec *Saunders,* commissaire anglais, le désastreux traité de Madras.

— 1°. Ni Anglais, ni Français ne devaient plus s'ingérer dans les affaires des princes hindous. — 2°. On renonçait, de part et d'autre, à toute conquête faite

dans le Dékan depuis le traité d'Aix-la-Chapelle
(1748) ; et les possessions anglaises et françaises devaient être égalisées. L'Angleterre conservait: *Madras,
le fort St. David* et *Devi-Cottah* ; la France : *Pondichéry,
Karikal* et *Gingy*.

Les Anglais perdaient ainsi quelques bourgades ; les
Français perdaient tout le Carnate.

— 3°. Enfin, *Mahomet-Ali* devenait *nabab d'Arcot*
ou du Carnate.

Le traité de Madras excita une grande indignation
contre Godeheu, qui reprit bientôt le chemin de la
France.

Nota — Au traité de Madras, il ne fut pas ques-
tion de *Bussy*, qui conserva son influence à Hyderabad
et la possession des *Circars*.

III. — DE LEYRIT ET LALLY-TOLLEN-
DAL (1755-1761)

Après avoir été le successeur de Dupleix à *Chandernagor*, **De Leyrit** succéda à Godeheu, comme gouverneur de la Compagnie ; mais, il était loin d'avoir
les qualités de Dupleix (1755).

Perte de Chandernagor (1757). En
1756, *Clive*, devenu gouverneur du fort St. David, se
rendit dans le Nord de l'Inde, pour venger les Anglais
contre le nabab du Bengale, de la *Tragédie du Trou-
Noir*.

La guerre de sept ans (1756-1763) venait d'éclater.
Clive s'empara de *Chandernagor*, par trahison, malgré
les efforts de l'administrateur *Renault*. (1757).

Cette même année, encore par trahison, Clive remporta, contre le nabab, la bataille *du Plassey*, qui le
rendit maître du Bengale.

La lutte anglo-française recommence. (1757). Après cela, *Clive* rentra en campagne avec *Mahomet-Ali*, contrairement aux clauses du traité de Madras.

Alors, *De Leyrit* recommença la lutte. **Saubinet**, nommé commandant des forces françaises de l'Inde, reçut l'ordre de *s'emparer de nouveau du Carnate*. Il prit *Vandivash, Chetpeth* et *Trounamalé*.

En ce moment, arriva **Lally-Tollendal** (1758), avec le titre de commandant en chef et de commissaire du roi dans toutes les possessions françaises d'Orient.

Prise de Goudelour et du fort St. David. (1758) — Dès son arrivée, *Lally* ordonna au *comte d'Aché*, commandant de la flotte qu'il avait amenée, d'attaquer avec lui le *fort St. David* et *Goudelour* qui furent pris : le fort fut rasé.

Lally s'empara ensuite de *Trinquemalé*, de *Carongoli*, de Tiruvalur ; et il réunit ses troupes à *Vandivash*, où **Bussy** vint le rejoindre, après avoir quitté Hyderabad. Avec lui, Lally se rendit maître d'**Arcot**. (1758).

Perte des Circars. (1759). — Dès que Bussy eut quitté Hyderabad, les Anglais attaquèrent les provinces des *Circars* et s'en emparèrent.

Second siège de Madras. (1759) — De Leyrit avait envoyé des secours, Lally occupa *Candjevaram*, et marcha sur *Madras* : le siège échoua. Lally ordonna alors une expédition sur le *fort de Thiagar*, près de Trichinopoly : le fort fut pris.

Défaites de Lally-Tollendal. (1760) — Le désordre s'était mis dans les troupes de Lally, furieuses de leur échec à Madras ; le colonel anglais, *Goote*, en profita, et coup sur coup reprit aux Français toutes leurs conquêtes. Bientôt, Lally ne posséda plus que *Pondichéry, Villenour*, et les forts de *Gingy* et de *Thiagar*.

Siège de Pondichéry. — (1761). (3ᵐᵉ) — Malgré l'énergie de *Lally-Tollendal*, Pondichéry dut se rendre, après un siège de quatre mois et demi (15 Janvier 1761). Les forts de Gingy furent pris aussi : tout était perdu.

Lally et ses soldats, et tous les agents de la Compagnie, furent renvoyés en France. Les fortifications de Pondichéry furent détruites : la France ne possédait plus rien dans l'Inde.

Traité de Paris (1763). — *Pondichéry, Karikal, Chandernagore, Mahé et Yanaon*, furent rendus à la France, à la fin de la guerre de sept ans, mais avec de grandes réductions territoriales. Outre cela, la France ne devait plus entretenir de garnison à Pondichéry, ni relever les fortifications.

En 1769, la Compagnie française fut dissoute.

Causes de la perte de l'Inde. — Ce qui amena la ruine de l'œuvre de Dupleix, fut le *manque d'argent et d'hommes*. Dupleix et Lally-Tollendal épuisèrent toute leur fortune à lever des armées et à les approvisionner : les contingents de France furent toujours envoyés avec la plus grande parcimonie. Enfin, les généraux de Dupleix, à part Bussy, le secondèrent mal ; et De Leyrit ne cessa, d'accord avec les agents de la Compagnie, de tracasser Lally-Tollendal au lieu de l'aider.

Les Anglais, au contraire, ne ménagèrent ni les hommes, ni les flottes, ni l'argent.

Dupleix avait créé l'Inde française, la France la perdit par sa faute.

V. — DERNIÈRES LUTTES DES FRANÇAIS DANS L'INDE.

La 2ᵐᵉ guerre du Mysore. (1780-1784). — Les Français prirent une part importante à cette guerre, comme *alliés* d'**Haïder-Ali** et de **Tippoo-Saïb**, contre les Anglais qui, au début de la *guerre des Etats-Unis*, (1778-1783), avaient occupé *Pondichéry* et *Mahé*.

Lally, un neveu du grand général, commandait un corps de soldats français dans l'armée d'Haïder-Ali.

En 1782, **le bailli de Suffren** et **Bussy** s'emparèrent de *Goudelour*, de *Porto-Novo*, de *Negapatam* et de *Trinquemalé*.

En 1783, *Tippoo-Saïb* devint *roi de Mysore*, à la mort de son père. Mais le **traité de Versailles** (1783) lui enleva l'alliance des Français, et il signa avec les Anglais la paix de Mangalore (1784).

Dans l'Inde, comme en Amérique, les Français n'avaient songé qu'à laver dans le sang des Anglais les humiliations du traité de Paris (1763).

Pondichéry occupé une 3me fois par les Anglais. (1793). — Au commencement des guerres de la Révolution, les Anglais s'emparèrent de nouveau de nos comptoirs de l'Inde.

Il y avait alors des Français répandus dans toute l'Inde ; des officiers français, à *Seringapatam*, étaient chargés de discipliner l'armée de Tippoo. Le général *Bonaparte* songea même, pendant qu'il était en Egypte, à venir dans l'Inde, avec son armée, pour aider Tippoo à en chasser les Anglais. Enfin **Surcouf** fut, à cette époque, un ennemi terrible pour les Anglais, dans la mer des Indes.

La *4me guerre du Mysore* amena la mort de Tippoo, et la déchéance de sa famille. Le royaume de Mysore, rendu à l'ancienne famille royale, tomba sous le protectorat des Anglais (1799).

Nos comptoirs nous furent rendus à la *paix d'Amiens*, (1802).

Pondichéry aux mains des Anglais pour la 4me fois. (1803). — Pendant que Bona--

parte, premier consul, se préparait, au camp de Boulogne, à envahir l'Angleterre, dans l'Inde, nos comptoirs retombèrent de nouveau entre les mains des Anglais, qui nous les rendirent définitivement aux *traités de Paris 1814 et 1815*, mais avec les limites bizarres qu'ils ont aujourd'hui.

V. — L'INDE FRANÇAISE DE NOS JOURS

Si la France tient à conserver ses modestes établissements de l'Inde, c'est à cause des grands souvenirs qui s'y rattachent. Aussi, en 1815, a-t-elle refusé à l'Angleterre de les échanger contre l'île Maurice.

L'Inde française, dont les traités de 1814 et 1815 ont délimité les établissements, d'une façon si odieuse et si bizarre, comprend : *Pondichéry, Karikal, Mahé, Chandernagor, Yanaon* et *neuf loges*. Ces établissements comptent à peu près 280.000 habitants ; mais les loges n'ont aucune importance, ce ne sont que des souvenirs historiques.

Rente de l'Inde. Et 1817, le gouvernement de l'Inde anglaise s'est engagé à payer annuellement la somme de 4 lacks de roupies, au gouvernement de l'Inde française, pour avoir le privilège exclusif d'acheter le sel fabriqué dans les possessions françaises, Chandernagor excepté.

En 1818, les Anglais nous ont acheté le droit que nous avions de fabriquer le sel dans nos établissements, moyennant une indemnité annuelle de 4.000 pagodes, soit 14.000 roupies, (la pagode valant 3 Rs.1/2).

En 1839, les Anglais ont obtenu le même privilège et le même droit à Chandernagor, pour la somme annuelle de 20.000 roupies.

La rente de l'Inde constitue donc un revenu annuel d'environ 434.000 roupies. De plus, le sel nous est fourni par les Anglais au prix de fabrication, et le gouvernement en monopolise la vente.

Justice. — En 1819, le *Code Napoléon* a été promulgué dans l'Inde française. Les lois pénales s'appliquent à tous les citoyens ; mais, des règlements spéciaux ont établi dans quelle mesure les lois de Manou et les usages locaux continuent à régir les natifs.

Instruction. — Dans nos modestes comptoirs, l'instruction fait des progrès constants : les programmes de l'enseignement sont les mêmes qu'en France. Un grand nombre d'Indiens parlent couramment la langue française.

APPENDICE.

L'INDE ANGLAISE

L'empire anglais de l'Inde comprend, aujourd'hui, cinq provinces directement gouvernées par les Anglais : celle du Bengale, celle du Nord-Ouest, le Punjab, la Présidence de Bombay et la Présidence de Madras.

A cet empire se rattachent aussi un grand nombre d'États protégés, dont les principaux sont : le Nizam d'Hyderabad, le Cachemire, le Mysore, le Travancore, le Radjaputna. Ces États ont des résidents anglais.

A l'Inde anglaise est jointe l'île de *Ceylan,* mais, apministrativement, elle dépend directement du roi d'Angleterre.

Les fondateurs de l'empire des Indes sont : **Clive**, et **Warren Hastings** qui a été le premier gouverneur général de la Compagnie anglaise (1773-1785). **Lord Cornwallis** (1785-1805) fut *l'organisateur* de l'Inde anglaise.

Commencée au milieu du XVIIe siècle, la conquête de l'Inde fut poursuivie par les Anglais pendant tout le

XVIIIᵉ siècle ; elle fut terminée vers 1856 par **Lord Dalhousie.**

Administration. — Jusqu'en 1773, Calcutta, Bombay et Madras, avaient formé des provinces de la Compagnie anglaise indépendantes les unes des autres.

De 1773 à 1858, l'Inde anglaise tout entière fut sous la dépendance d'un *gouverneur général* de la Compagnie, résidant à Calcutta.

Après la *grande révolte des cipayes* (1857-1858), la Compagnie anglaise fut abolie, et l'Inde passa sous le contrôle de la reine Victoria.

Depuis 1858, l'administration de l'Inde est confiée à un *secrétaire d'Etat,* ou *vice-roi,* résidant d'abord à *Calcutta* puis à Delhi. Il est assisté de 15 conseillers, dont 8 ayant servi dans l'Inde : **Lord Canning** fut le premier vice-roi.

En 1877, *la reine Victoria* fut proclamée, à Delhi. *impératrice des Indes.*

Les *Zémindars,* ou collecteurs des impôts, ont été établis par Lord Cornwallis, en 1793.

Progrès de l'Inde. — *Lord Bentick* (1828-1835) travailla à répandre l'instruction.

Il introduisit l'étude de l'anglais dans les écoles du gouvernement. Il proclama la liberté commerciale absolue ; et longtemps avant l'ouverture du Canal de Suez, il établit des communications régulières entre l'Europe et l'Inde, par la mer Rouge.

En 1853, la première ligne de *chemin de fer* fut construite, entre Bombay et Tanna. Depuis, le pays s'est couvert de voies ferrées et de lignes télégraphiques

Vers la même époque, *les Postes,* les *Travaux Publics* furent organisés.

En 1857, trois *Universités* furent créées : Calcutta, Madras et Bombay. Plus récemment on en a fondé à

Lahore (1882), Allahabad (1887), Bénarès (sanscrit),
Chidambaram (Annamalai) et une au nord de Madras
(Andhra).

De grands travaux d'irrigation ont été accomplis dans
toute l'Inde : le *Canal du Gange supérieur*, (terminé en
1854), est l'un plus grands travaux d'irrigation du
monde. On canalise actuellement le fleuve Sind au
Nord-Ouest.

Enfin, aujourd'hui, l'Inde est sillonnée de belles
routes ; les machines à vapeur sont répandues partout ;
l'industrie et le *commerce* sont très prospères.

L'instruction se répand de plus en plus dans l'Inde
entière, et la douce lumière de *l'Evangile* fait. peu à
peu, sortir cet immense pays de son chaos religieux.

Depuis la conquête anglaise de l'Inde, il y a un
grand progrès sur l'ancien état de choses ; et, sous le
rapport moral, comme sous le rapport intellectuel et
matériel, la condition de l'Indien s'est bien améliorée.

9 782329 081595